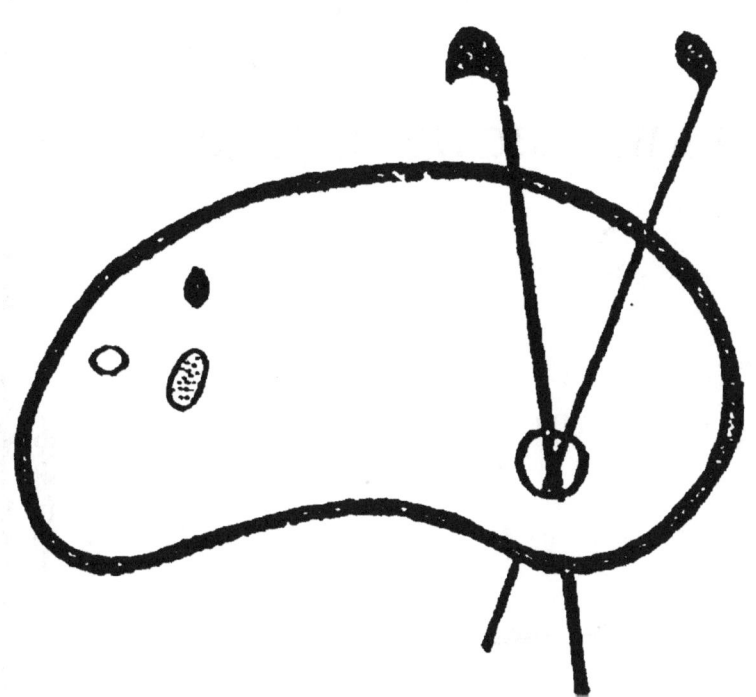

**COUVERTURE SUPERIEURE ET INFERIEURE
EN COULEUR**

Vraie Ligue d'Alsace

PAR

UN ALSACIEN

Mulhouse et Bale
C. Detloff, Libraire-Éditeur

1871

Mulhouse, imprimerie J. G. Schabel.

Ch. Alphonse Witz

La

Vraie Ligue d'Alsace

par

un Alsacien

―※―

Mulhouse et Bale
C. Detloff, Libraire-Éditeur

—

1871

Avant-Propos.

Les quelques pages qui suivent n'ont d'autre but que d'engager nos concitoyens à examiner la situation qui nous est faite, par suite de l'annexion de l'Alsace à l'Allemagne, avec plus de calme, de justesse et d'impartialité.

C'est pour atteindre ce but que nous examinons successivement dans trois chapitres les causes de la guerre, l'attitude de l'Alsace avant et pendant la guerre, et enfin la ligne de conduite que les vrais Alsaciens ont à suivre dans les circonstances présentes.

Le titre de la brochure: „La vraie Ligue d'Alsace" en indique suffisamment la tendance.

Il va sans dire, que nous ne prétendons nullement satisfaire tous les partis, ce serait une tâche bien au-dessus de nos forces; et si nous n'avions consulté que notre propre avantage, nos intérêts personnels, nous aurions même mieux fait de garder le silence; mais il y a, ce nous semble, plus de dignité à remplir son devoir de chrétien et de citoyen, qu'à se taire ou à rechercher la popularité.

Nous laissons aux Alsaciens le soin de juger si nous avons atteint le but que nous nous sommes proposé, et nous engageons vivement tous les hommes de cœur à travailler, chacun dans sa sphère et dans la mesure de ses forces, à l'apaisement des passions et au vrai bonheur de notre chère province, de l'Alsace.

Il est temps que nous revendiquions pour chacun de nous la même liberté de jugement et d'action que nos adversaires réclament pour eux.

Mulhouse, Juillet 1871.

CH. ALPHONSE WITZ.

CHAPITRE I.
CAUSES DE LA GUERRE.
Observations générales.

„Si l'humanité permet qu'on hasarde la vie de mil„lions d'hommes sur les champs de bataille, pour défendre „sa nationalité et son indépendance, elle flétrit et condamne „ces guerres immorales qui font tuer des hommes dans ce „seul but d'influencer l'opinion publique et de soutenir, par „quelque expédient, un pouvoir toujours dans l'embarras."

Telle est la déclaration du prisonnier de Ham; on sait jusqu'à quel point elle est restée lettre morte pour Louis-Napoléon III, empereur des Français. L'empire qui promettait la paix, se lança à cœur-joie dans la politique aventureuse de la guerre, et presque toutes nos expéditions impériales sont à ranger au nombre de ces guerres immorales „qui font tuer des hommes, dans le seul but d'in„fluencer l'opinion publique, et de soutenir, par quelque „expédient, un pouvoir toujours dans l'embarras."

Soutenir le pouvoir dans l'embarras, tel était aussi le but de la dernière guerre avec l'Allemagne.

A quelque point de vue qu'on se place et quelque jugement que l'on puisse porter sur la politique de la Prusse, il est incontestable que la France a déclaré la guerre, et cela dans le but de ,,soutenir un pouvoir dans l'embarras".

Le plébiscite, il est vrai, avait obtenu un grand succès; mais ce succès était dû, en grande partie à la manière captieuse dont la question était posée et aux vaines promesses par lesquelles **le ministère libéral** avait su flatter et gagner la grande majorité des Français. D'ailleurs, **l'activité dévorante**, la crainte du spectre rouge, l'indifférence ou l'inintelligence politique la plus grossière n'ont pu qu'assurer le succès de cette grande et inepte comédie.

Le ministère cependant se montra heureux et satisfait du succès obtenu. Cette satisfaction n'était qu'apparente. Les abstentions, les NON représentaient une grande force, la force morale du pays, et de ce côté, tout était à craindre. Que faire? Le danger que l'on voulait conjurer par le plébiscite était encore là, grand, imminent. Il fallait songer à un autre dérivatif. Ce dérivatif, on le connaît. La guerre semblait être le meilleur expédient à employer pour n'avoir pas à compter avec l'opposition.

Qui cherche, trouve.

Le ministère Ollivier-Gramont chercha et trouva. Le prince Léopold de Hohenzollern eut bien, il est vrai, la malencontreuse idée de renoncer, en vue de la paix, à la couronne d'Espagne et, pendant peu de temps, le ministère fut dans un grand embarras: mais la difficulté fut bientôt levée. On inventa, je ne sais quelle injure adressée par le roi de Prusse à notre trop illustre ambassadeur Benedetti et..... la guerre fut déclarée!

La cause de cette guerre n'était — on le voit — qu'un embarras monarchique, le prétexte — un gros mensonge.!

Et le peuple français, dira-t-on, a pu se laisser éblouir par cette politique?

Avouons que tout d'abord l'opinion s'était montrée contraire à la guerre, que des voix autorisées dans le Corps législatif s'étaient fait entendre en faveur de la paix et de la conciliation; mais il ne tarda pas à s'opérer un revirement complet. Les orateurs qui voulurent s'opposer au torrent se virent traités de mauvais patriotes et de Prussiens de l'intérieur. Le supplément de crédit du budget de la guerre fut voté par 246 voix contre 10; le **cœur léger**, Ollivier s'apprêtait à enregistrer les nouvelles des grandes victoires françaises, et l'illustre maréchal Le Bœuf qui était **prêt, cinq fois prêt,** se voyait déjà fouler aux pieds le pavé de Berlin et dicter ses lois à l'Allemagne humiliée. Le Corps législatif partageait ces illusions: „Le glorieux drapeau qui porta à travers l'Europe les idées civilisatrices de notre grande révolution" devait „en représentant les

„mêmes principes, inspirer les mêmes dévouements", et l'on comptait sur l'aide, sur les „bénédictions" de Dieu, parce que „un grand peuple, qui défend une cause juste, est invincible."

Une cause juste!! mensonge après mensonge! et le peuple français applaudissait et croyait naïvement avec son empereur que de „nos succès dépendait le sort de la liberté „et de la civilisation."

On est confondu en voyant avec quelle légèreté la France s'est laissée prendre à l'hameçon. Que le Corps législatif ait dansé comme son maître sifflait, rien de plus naturel : les automates sont tous de même ; on tire la ficelle, et l'homme de carton saute et se démène.

Mais l'opposition?... Ah l'opposition! elle ne faisait que récolter ce qu'elle avait semé; c'est elle qui par ses nombreuses et violentes récriminations contre Sadowa, avait, de longue main, préparé cet état de choses : elle devait donc le subir. Du reste, n'oublions pas que l'opposition en France, sauf quelques exceptions, était toujours impuissante, faute de principes sérieux. Elle démolissait sans édifier; c'était le seul rôle qu'elle pût jouer. Républicaine au dedans, elle se montrait bonapartiste au dehors, et Napoléon le tenait entre ses mains.

Et le peuple? Indifférent à la cause même de la guerre, il ne rêvait que la gloire; et les jésuites et les fanatiques de toutes catégories surent exploiter et exciter ces sentiments en lui parlant de la gloire qu'il y aurait, pour la France, à écraser „au nom de la très-sainte Vierge", ce peuple de protestants, ces Prussiens hérétiques..., et le tour fut joué. — On se mettait en route pour Berlin!

Guerre inévitable, m'objectera-t-on, guerre inévitable malgré tout; oui, inévitable au point de vue de Napoléon, au point de vue monarchique; mais les républicains devraient rougir de honte et se voiler la face, eux qui par cette guerre contribuaient à raffermir la domination d'un homme „dont les succès persévérants avaient été, pendant de longues „années, une insulte à la conscience humaine et à la justice „divine."

Non, cette guerre n'était pas inévitable; l'équilibre

européen, ce mot sonore qui agit comme un charme sur les grands politiques de nos jours, n'était pas troublé, et l'Allemagne plus grande ne rendait pas la France plus petite et moins imposante.

Du reste, citons Jules Favre : „Nous avons hautement protesté contre la guerre", dit-il dans sa circulaire comme ministre des affaires étrangères, „et protestant de „notre respect pour le droit des peuples, nous avions de„mandé qu'on laissât l'Allemagne maîtresse de ses destinées, „nous voulions que la liberté fût à la fois notre lien com„mun et notre commun bouclier." Et, à peu près à la même époque, la branche française de l'Association internationale des travailleurs, disait, dans un appel au peuple allemand : „Le peuple français est l'allié et l'ami de tous „les peuples libres. Il ne s'immisce point dans le gouver„nement des autres nations, et ne souffre pas que les autres „nations s'immiscent dans le sien."

Nous n'avons pas le droit de nous immiscer dans les affaires des autres peuples, voilà la vérité. Cette vérité élémentaire, hélas! ne fut reconnue que trop tard, et c'est pour l'avoir méconnue que la France fut humiliée, vaincue, terrassée, que les malheurs que nous nous flattions d'infliger aux autres vinrent peser sur nous-mêmes!

Ah! ne l'oublions pas! La guerre, déclarée, entreprise le cœur léger, n'est devenue crime pour la France que le jour où la victoire a trahi nos armes, où notre **furia francese** ne put tenir contre les effets meurtriers du canon Krupp.

CHAPITRE II.

L'ALSACE AVANT ET PENDANT LA GUERRE.

Et l'Alsace? Comment se montra-t-elle? Quelle fut son attitude? En nous plaçant à un point de vue général, nous pouvons dire qu'elle imita l'exemple de la France. A quelques exceptions près, la guerre fut, sinon saluée avec joie, du moins acceptée avec légèreté, et l'espoir de donner une forte leçon à ces horribles Prussiens, qui avaient eu l'impertinence de faire Sadowa, semblait faire oublier tous les dangers qui nous menaçaient, tous les malheurs qui, en cas d'échec, pouvaient fondre sur nous. La confiance dans le succès de nos armes était générale. Chose révoltante même, le sourire sur les lèvres, certains patriotes parlaient du remarquable entrain avec lequel les turcos et les zouaves massacreraient cette pauvre landwehr, ces pères de famille „en larmes", sans force ni courage! — Ajoutons à cela qu'en Alsace surtout le sentiment religieux fut vivement surexcité, que les catholiques voyaient dans chaque Prussien, non seulement — comme les protestants — un ennemi qu'il fallait vaincre au nom de la patrie, mais encore et surtout un hérétique que Rome condamnait à mort, et nous aurons une idée générale de l'état des esprits dans notre province.

De cœur et d'âme l'Alsace était unie à la France, et dès le 23 Juillet 70 nous trouvons ces sentiments exprimés dans une adresse de la cour impériale de Colmar. — „Habi„tués, dit-elle, à invoquer Dieu pour rendre la justice aux „hommes, nous l'invoquons, au nom du droit, dans cette „douloureuse et solennelle circonstance. Nos ancêtres du „conseil souverain étaient Français de cœur et d'âme, alors „que le retour de notre province à la mère-patrie n'était pas „encore consacré par l'union étroite des cœurs. Aujourd'hui „que ce beau pays uni comme un seul homme, est la senti„nelle avancée de la France, notre seul mérite est de dire „à Votre Majesté qu'en fait de patriotisme sérieux et absolu „nous sommes les successeurs de l'ancien parlement d'Al„sace."

Voilà les sentiments qui ont régné en Alsace, et c'est conformément à ces sentiments que les Alsaciens ont agi pendant toute la durée de la guerre. Aussi Strasbourg résistait avec une énergie digne de tous éloges, Phalsbourg, Neuf-Brisach, Bitche tenaient en échec les troupes allemandes. Pendant qu'en France les places fortes capitulaient l'une après l'autre, les Alsaciens restèrent debout et remplirent bravement leurs devoirs de citoyens français. Et la France nous laissa faire, que dis-je? la France nous abandonna et resta sourde à toutes nos demandes de secours.

Au mois de Septembre l'**Industriel alsacien** publia un appel à la France et cet appel resta sans réponse.

„Voilà quinze jours, est-il dit dans cet appel, qu'on „bombarde Strasbourg sans trêve ni merci.

„La plupart des quartiers sont démolis, une foule „d'habitants ont été écrasés.

„La cathédrale est fortement avariée, et nous ne „trouvons dans les journaux français qui nous arrivent que „cette laconique dépêche: **Le sous-préfet de Schlestadt** „**annonce que depuis deux jours un feu très vif est** „**ouvert contre Phalsbourg.** Nous reproduisons depuis „quatre jours des détails navrants sur cette épouvantable „canonnade, et nous n'avons pas jusqu'ici **trouvé le** „**moindre écho dans les feuilles parisiennes** [1]).

„Et pourtant le temps presse. Si l'on veut venir en „aide à Strasbourg, il faut le faire à la hâte, et ne pas at-„tendre pour sauver la ville, qu'elle ne soit plus qu'un mon-„ceau de cendres.

„Nous adjurons, nous qui sommes actuellement un des „rares organes de l'Alsace qui soient restés debout, nous „adjurons nos confrères de la presse parisienne d'intéresser „l'opinion publique, les Chambres au sort de cette malheu-„reuse ville de Strasbourg, l'un des boulevards de la France, „restée, avec une faible défense, à la merci de la sauvagerie „et du vandalisme prussiens.

„Nous nous abstiendrons d'indiquer un moyen de la „secourir, quoique l'impatience et la soif de la vengeance qui „éclatent dans nos populations démontrent assez, qu'en leur „donnant des armes, on les verrait courir avec ardeur à la „délivrance de cette malheureuse cité."

Pressant appel, mais appel inutile. La France, et nous sommes obligés de l'avouer à notre grande douleur, à notre honte, la France semblait nous oublier.

---

[1]) C'est nous qui soulignons.

'A deux reprises, le général Uhrich demanda des secours pour débloquer Strasbourg, et sa demande resta sans réponse. Que dis-je? A l'une de ces dépêches déchirantes dépeignant l'horrible situation de Strasbourg et de l'Alsace, le ministère Palikao répondit d'une manière dérisoire en conseillant à la garnison de se jeter dans le grand-duché de Bade!

A Paris, les Alsaciens „ont à cœur de protester contre
„l'incurie du gouvernement qui, refusant d'armer la popu-
„lation au commencement de la guerre, a livré les contrées
„les plus patriotiques à l'invasion, et qui, en ce moment
„encore où ces provinces sont si cruellement éprouvées, ne
„consent pas à armer la garde nationale; il demande que
„des armes et tous les secours possibles soient envoyés sans
„retard en Alsace. La salle entière applaudit de la façon
„la plus énergique les paroles du président (Schœlcher) et
„proteste avec indignation contre l'abandon où le gou-
„vernement laisse la province la plus exposée [1]).

„Les Alsaciens demandent que le Corps législatif ne
„**se borne pas à décréter que Strasbourg a bien mé-**
„**rité de la patrie** [1]), mais qu'il se prononce énergiquement
„sur l'urgence des secours en Alsace, pour empêcher la
„ruine complète et la reddition d'une place forte qui consti-
„tue le principal boulevard de la France."

Ces protestations furent inutiles! Les Français restèrent chez eux; les gardes nationaux et gardes mobiles du midi avaient l'air d'ignorer ou d'oublier que l'Alsace était province française.

Et l'Alsace n'oublia pas!

Le 4 septembre 70 le conseil municipal de Mulhouse publia une circulaire pour engager tous les hommes valides à voler au secours de leur patrie, la France.

„Dans les circonstances où nous nous trouvons, —
„ainsi s'exprime le conseil municipal, — il ne nous suffit pas
„d'armer la garde nationale, ce qui sera un fait accompli
„demain; la patrie exige d'autres efforts; que tous les

---

[1]) C'est nous qui soulignons.

„hommes valides, dont la présence n'est pas indispensable
„dans leurs foyers, volent à la défense du sol natal, qu'ils
„n'attendent pas un jour, pas une heure, qu'ils se rappellent
„qu'en 1792 un seul cri s'échappa de toutes les poitrines :

„Vaincre ou mourir !"

„Que cette devise de nos pères soit la nôtre aujour-
„d'hui, et comme eux nous sauverons la patrie.

„Les bureaux d'enrôlements resteront ouverts en
„permanence et la ville fournira les premiers frais de route
„à ceux qui lui en feront la demande."

Cet appel fut entendu.

Les Alsaciens partirent ; plus de 4000 hommes s'échappèrent à travers les lignes prussiennes pour reprendre les armes contre les Allemands.

Le 9 Septembre, le nouveau préfet, Jules Grosjean, s'exprime ainsi dans la circulaire suivante :

„Je demanderai aux citoyens valides, qui ne sont pas
„indispensables dans leurs foyers de s'engager sous les
„drapeaux ; je demanderai aux gardes nationaux de s'exercer
„sans relâche au maniement de leurs armes ; je demanderai
„à tous de s'unir avec moi dans ce cri que je pousse avec
„passion :

„Vive l'Alsace indissolublement unie à la France !"

Et pendant que nos jeunes gens quittent l'Alsace pour prendre le fusil, les citoyens indispensables dans leurs foyers signent l'adresse suivante, expression des sentiments qui animaient la population :

„La République française vient de déclarer à l'Europe
„qu'elle n'abandonnera pas un pouce de territoire.

„L'Alsace frémissante acclame cette résolution.

„Elle veut vivre avec la France ou mourir avec elle."

Voilà ce que fit l'Alsace ; et cependant les troupes allemandes étaient chez nous et occupaient la plus grande partie de notre territoire.

Le patriotisme des Alsaciens restait ce qu'il avait toujours été, dévoué, vif, ardent, sincère.

Mais la France ne connut plus l'Alsace.

„Strasbourg", — avait dit Louis Ratisbonne à la réunion d'Alsaciens à Paris, — „Strasbourg avait bien mé-„rité de la France, que la France à son tour mérite bien de „Strasbourg et de l'Alsace."

Eh bien! la France n'a pas bien mérité de Strasbourg et de l'Alsace. Strasbourg n'était pas Paris; c'était la ville de la bière et de la choucroute; l'Alsace n'était qu'une province habitée par des „têtes carrées", et voilà pourquoi, comme récompense de son patriotisme, elle dut prendre la plus grande part dans les maux de la guerre.

Et cependant l'Alsace ne se découragea pas. Elle envoya à Bordeaux à l'Assemblée nationale des députés chargés de protester contre l'annexion. On sait comment nos députés s'acquittèrent de cette mission.

„Nous soussignés, — ainsi s'expriment-ils devant la „Chambre — citoyens français, choisis et députés par les „départements du Bas-Rhin, du Haut-Rhin, de la Moselle „et de la Meurthe pour apporter à l'Assemblée nationale „de France l'expression de la volonté unanime des popu-„lations de l'Alsace et de la Lorraine, après nous être réunis „et en avoir délibéré, avons résolu d'exposer dans une „déclaration solennelle leurs droits sacrés et inaliénables, „afin que l'Assemblée nationale, la France et l'Europe, ayant „sous les yeux les vœux et les résolutions de nos commet-„tants, ne puissent consommer ni laisser consommer aucun „acte de nature à porter atteinte aux droits dont un mandat „ferme nous a confié la garde et la défense.

DÉCLARATION.

„ I. L'Alsace et la Lorraine ne veulent pas être „aliénées.

„Associées depuis plus de deux siècles à la France, „dans la bonne comme dans la mauvaise fortune, ces deux „provinces, sans cesse exposées aux coups de l'ennemi, se „sont constamment sacrifiées pour la grandeur nationale; „elles ont scellé de leur sang l'indissoluble pacte qui les „rattache à l'unité française. Mises aujourd'hui en question

„par les prétentions étrangères, elles affirment à travers
„les obstacles et tous les dangers, sous le joug même de
„l'envahisseur, leur inébranlable fidélité.

„Tous unanimes, les concitoyens demeurés dans leurs
„foyers comme les soldats accourus sous les drapeaux, les
„uns en votant, les autres en combattant, signifient à l'Alle-
„magne et au monde l'immuable volonté de l'Alsace et de la
„Lorraine de rester françaises. (Bravo! bravo! à la gauche et
dans plusieurs autres parties de la salle.)

„ II. La France ne peut consentir ni signer la ces-
„sion de la Lorraine et de l'Alsace. (Très-bien.) **Elle ne
„peut pas, sans mettre en péril la continuité de son
„existence nationale, porter elle-même un coup mor-
„tel à sa propre unité en abandonnant ceux qui ont
„conquis, par deux cents ans de dévouement patrio-
„tique, le droit d'être défendus par le pays tout entier
„contre les entreprises de la force victorieuse** [1]).

„Une Assemblée, même issue du suffrage univer-
„sel, ne pourrait invoquer sa souveraineté, pour
„couvrir ou ratifier des exigences destructives de
„l'intégrité nationale. (Approbation à gauche.) **Elle s'ar-
„rogerait un droit qui n'appartient même pas au
„peuple réuni dans ses comices.** (Même mouvement.)
„**Un pareil excès de pouvoir, qui aurait pour effet de
„mutiler la mère commune, dénoncerait aux justes
„sévérités de l'histoire ceux qui s'en rendraient cou-
„pables. La France peut subir les coups de la force,
„elle ne peut sanctionner ses arrêts** [1]). (Applaudissements à gauche.)

„ III. L'Europe ne peut permettre ni ratifier l'aban-
„don de l'Alsace et de la Lorraine.

„Gardiennes des règles de la justice et du droit des
„gens, les nations civilisées ne sauraient rester plus long-
„temps insensibles au sort de leurs voisines, sous peine
„d'être à leur tour victimes des attentats qu'elles auraient

---

[1]) C'est nous qui soulignons.

„tolérés. L'Europe moderne ne peut laisser saisir un peuple
„comme un vil troupeau; elle ne peut rester sourde aux
„protestations répétées des populations menacées; elle doit
„à sa propre conservation d'interdire de pareils abus de la
„force. Elle sait d'ailleurs que l'unité de la France est,
„aujourd'hui comme dans le passé, une garantie de l'ordre
„général du monde, une barrière contre l'esprit de conquête
„et d'invasion.

„La paix faite au prix d'une cession de territoire ne
„serait qu'une trêve ruineuse et non une paix définitive.
„Elle serait pour tous une cause d'agitation intestine, une
„provocation légitime et permanente à la guerre. Et quant
„à nous, Alsaciens et Lorrains, nous serions prêts à recom-
„mencer la guerre aujourd'hui, demain, à toute heure, à
„tout instant. (Très bien! sur plusieurs bancs.)

„En résumé, l'Alsace et la Lorraine protestent haute-
„ment contre toute cession: la France ne peut la consentir,
„l'Europe ne peut la sanctionner.

„En foi de quoi, nous prenons nos concitoyens de
„France, les gouvernements et les peuples du monde entier
„à témoin que nous tenons d'avance pour nuls et non ave-
„nus tous actes et traités, vote ou plébiscite, qui consenti-
„raient abandon, en faveur de l'étranger, de tout ou partie
„de nos provinces de l'Alsace et de la Lorraine. (Bravos à
gauche.)

„Nous proclamons par les présentes à jamais invio-
„lable le droit des Alsaciens et des Lorrains à rester
„membres de la nation française, (Très bien!) et nous ju-
„rons, tant pour nous que pour nos commettants, nos enfants
„et leurs descendants, de le revendiquer éternellement et
„par toutes les voies, envers et contre tous usurpateurs."
(Bravo! bravo! Applaudissements redoublés à gauche.)

Cette protestation fut inutile. L'Assemblée signa les
préliminaires de la paix. Par 546 voix sur 653 votants,
l'Alsace fut cédée à l'Allemagne et les députés durent se
retirer, sans même emporter avec eux le souvenir de quelques
paroles de regrets.

„Je fais appel ici aux sentiments unanimes de la

„Chambre, — s'écria M. Keller après la lecture de la Dé-
„claration ci-dessus — et sans m'arrêter aux formalités du
„réglement, je demande que tout entière elle donne son
„témoignage d'inviolable attachement à l'Alsace et à la
„Lorraine.... Nous vous tendons la main, ne nous refusez
„pas la vôtre."

Eh bien! toutes ces protestations furent sans effet.
„Le témoignage d'inviolable attachement à l'Alsace et à la
Lorraine" fut refusé. Que dis-je? Dans certaines provinces
du midi on trouva les Alsaciens assez allemands pour être
annexés à l'Allemagne, et ainsi l'Alsace fut séparée de la
France.

CHAPITRE III.

L'ALSACE APRÈS LA GUERRE.

Et maintenant quelle attitude devons-nous prendre,
nous les Alsaciens? L'attitude de la **Ligue d'Alsace** ? L'attitude de la victime en face de son bourreau?

Mais où est la victime, où est le bourreau?

La victime, me dira-t-on, mais c'est l'Alsace conquise
par la force brutale, annexée malgré les Alsaciens.

En effet, l'Alsace est la victime. Les temps ont
changé. On ne fait plus de conquêtes; on se contente d'annexer les populations qui en expriment le désir par le suffrage universel. Si nous, les Français, nous avions été les
vainqueurs, nous nous serions sans doute emparés par la
force des provinces rhénanes, mais elles ne seraient deve-
nues françaises que par une votation. Nous serions donc en
droit, comme Alsaciens, de demander qu'on nous traitât de
la même manière. Nous avons, il n'y a pas si longtemps,
annexé la Savoie, mais nous l'avons consultée et elle a ré-
pondu. Les OUI ont eu la majorité, et les Savoyards ont
salué avec joie et bonheur leur annexion à la France. On

d't même que ces malheureux ont été tellement impatients de se plier sous le joug de notre ancien César, que je ne sais quelle ville de 2500 électeurs avait donné 2800 bulletins portant OUI.

Voilà comment on procède en fait d'annexion. — Et nous, les Alsaciens, nous sommes les victimes.

Il est vrai que le 18 Mars 1867, Thiers disait au Corps législatif : „Le principe nouveau du consentement des „nations est un principe arbitraire, très souvent mensonger; „et qui n'est, au fond, qu'un principe de perturbation, quand „on veut l'appliquer aux nations". Il est vrai encore que le 13 Avril 1865 le même orateur disait que pour les peuples „le droit de disposer de soi n'est pas un droit absolu"; — mais Thiers est un politique de l'avant-veille, et nous, nous sommes les victimes.

Et le bourreau ? Où est-il ? Singulière demande! Le bourreau, c'est l'Allemagne, c'est la Prusse nous serrant dans ses bras de fer, c'est la Prusse faisant tomber sur nous sa lourde et massive main, c'est la Prusse, „ce peuple de valets chez lequel tout est mensonge et trahison". (Ligue d'Alsace.)

Ah! nous connaissons la douleur qu'on éprouve de se voir détaché d'un pays qu'on a aimé, d'un pays dont on a partagé les revers et les infortunes comme les succès et la gloire, d'un pays qu'ont servi nos pères et nos ancêtres, d'un pays qui a propagé par le monde les principes de 89.

Mais nous ne pouvons pas ne pas ajouter que la France aussi a été notre bourreau. Elle savait d'avance qu'en cas d'échec, l'Allemagne réclamerait la rétrocession de l'Alsace et de la Lorraine, elle savait que nos provinces seraient le plus exposées en cas de revers, et le **cœur léger** elle déclara la guerre. Elle avait eu de nous des preuves d'attachement sincères et irrécusables, elle avait entendu les supplications que nous lui avions adressées, et la France n'en a tenu compte : elle nous a cédés à l'Allemagne. Et ce droit, il ne lui appartenait pas ! Nous dirons même plus : La France, vu notre patriotisme, avait moins de droits à nous céder que l'Allemagne à nous annexer. Et cependant 546 députés sur 653 en jugèrent autrement.

Dira-t-on qu'elle était obligée d'agir de la sorte? Oui, sans doute, parce qu'elle devait subir les conséquences d'une guerre insensément déclarée; mais d'autres excuses restent sans poids et sans valeur. Voilà pourquoi le bourreau de l'Alsace — si bourreau il y a — est tout autant la France, jouant à la légère le sort de deux provinces, refusant de nous garder comme ses fils, que l'Allemagne voulant s'imposer à nous comme mère.

C'est là, ce me semble, le seul et le vrai point de vue.

L'Alsace serait donc entre deux bourreaux? Que reste-t-il donc à faire aux Alsaciens? Doivent-ils, comme le recommande la Ligue d'Alsace, „se fortifier dans leurs liens „avec la France et combattre la germanisation de leur chère „province?" — Non, nous n'avons à faire ni l'un ni l'autre. — Nous resterons ce que nous sommes, ce que nous avons toujours été — **des Alsaciens.**

„Mais", nous dira la Ligue: „Nous combattrons ceux „qui se disant **Alsaciens** croient servir le pays en entrant „en composition avec l'ennemi, parce que nous devons re„fuser tout concours à l'envahisseur, parce que ces compro„mis inspirés souvent dans le meilleur esprit, entraînent „peu à peu sur une pente fatale ceux qui les acceptent, „parce que nous ne connaissons pas enfin d'acheminement „plus dangereux à la germanisation."

Singulier aveu! Quoi! rester Alsaciens, ce serait là l'acheminement le plus dangereux à la germanisation? Mais la Ligue oublie qu'elle donne raison, plus que raison à ceux qui nous revendiquent au nom de notre caractère germanique. Il y a donc si peu de sang français dans nos veines que le simple contact avec les Allemands réveillerait en nous notre première nature! S'il en est ainsi, qu'il ne soit plus question d'envahisseurs, parlons d'amis et de frères.

Non, ce n'est pas là notre ligne de conduite. En vrais Alsaciens nous travaillerons pour l'Alsace, comme dès longtemps déjà nous aurions dû le faire. La centralisation française nous avait fait oublier que nous avons un Strasbourg, un Colmar, un Mulhouse; nous ne connaissions plus que la grande et brillante capitale de l'Europe; et, avec une patience d'Allemand, nous supportions le mépris des Français et des Parisiens pour ces lourds et vulgaires provinciaux, pour ces „têtes carrées" de l'Alsace. Eh bien! il est temps que nous nous relevions, que nous apprenions à être nous-mêmes. Nous travaillerons pour nos propres foyers, pour nos cités universitaire, industrielles, commerciales, pour nos villages, pour nos campagnes: et forts de nos propres forces, nous combattrons chez nous en faveur du progrès, de la décentralisation, de l'instruction et de l'éducation morale et intellectuelle. Notre mission sera de rappeler aux Alsaciens ce qu'ils sont et ce qu'ils doivent être, et en travaillant au développement normal et régulier de l'Alsace, nous ne serons ni „lâches" ni „ambitieux"; nous ne ferons que remplir nos devoirs de patriotes alsaciens. Oui, dira-t-on, tout cela pourrait se faire, si nous étions Français, mais maintenant il ne saurait en être question. Et comment pouvions-nous le faire sous le gouvernement français? Le mot d'ordre ne partait-il pas de Paris, et l'Alsace, comme toutes les autres provinces, ne devait-elle pas s'y conformer de toutes manières? La décentralisation n'était-elle pas, et pour cause, chose inconnue en France?

Mais cette décentralisation, nous objecteront les Alsaciens, l'obtiendrons-nous par les Allemands? Nous l'espérons sans oser préjuger l'avenir. Mais c'est à nous, Alsaciens, à travailler dans ce sens, et nous y sommes autorisés par le Chancelier lui-même. Il veut, dit-il, consulter l'Alsace, et gouverner l'Alsace par elle-même. Eh bien! prenons-le au mot. Ein Mann, ein Wort, disent les Allemands. A eux à donner raison à ce proverbe, et à nous Alsaciens, à les y contraindre par toute notre manière d'être.

Est-ce là se poser, comme dit la **Ligue**, „en admirateurs „aveugles de la force qui saluent avec le même empressement „le César germanique qu'autrefois l'homme de Décembre?"

Est-ce là agir en „ambitieux qui cherchent d'où souffle „le vent, prêts à plier l'échine devant n'importe qui, à con-„dition de jouer un rôle de par la grâce d'un roi ou d'un „empereur?"

Est-ce là se conduire en „lâches qui préfèrent suivre

www.ingramcontent.com/pod-product-compliance
Lightning Source LLC
Chambersburg PA
CBHW060934050426
42453CB00010B/2013